AF495474

ÉTAT DES PIÈCES JUSTIFICATIVES

CLASSÉES PAR CHAPITRE

AVEC LES EXPLICATIONS QUI EN DÉTERMINENT LA SIGNIFICATION ET LA VALEUR.

ÉTAT DES PIÈCES JUSTIFICATIVES

CLASSÉES PAR CHAPITRES

AVEC LES EXPLICATIONS QUI EN DÉTERMINENT LA SIGNIFICATION ET LA VALEUR

ÉTAT DES PIÈCES JUSTIFICATIVES

NUMÉROS des PIÈCES.	Désignations.
	LA BANQUE.
1 et 69.	Deux ordonnances de S. A. le bey de Tunis, constitutives de la Banque.
2, 3, 4, 5, 6, 7, 8, 9.	Huit récépissés de M. Benaïad, constatant qu'il a reçu des billets de banque pour une valeur de 4,888,600 piastres. Le récépissé n° 5 prouve que M. Benaïad devait toujours avoir dans les caisses de la Banque les billets ou leur contre-valeur en numéraire.
70.	Procès-verbal de vérification de la Banque. Cette pièce constate que M. Benaïad avait mis en circulation 1,610,850 piastres de billets et en avait emporté les valeurs de la Banque, contrairement aux ordonnances de S. A. et aux engagements pris par son reçu n° 5. Ainsi se trouve établi le fait de détournement et de soustraction de valeurs articulé contre M. Benaïad.
71.	Cahier où sont inscrits en détail les billets de banque qui étaient en circulation et qui ont été estampillés.
21.	Une lettre datée du 20 chaoual 1268, adressée par M. Benaïad à Caïd-Nassim.
26.	Une lettre datée du 29 radjab 1269, de M. Benaïad à Caïd-Nassim. Ces

NUMÉROS des PIÈCES. **Désignations.**

lettres prouvent que M. Benaïad enlevait à la Banque tout le numéraire qui pouvait y rentrer, et le faisait passer en France ; qu'il agissait de même à l'égard de la Monnaie; qu'ainsi il ne prenait pas l'argent de la Banque pour le porter à la Monnaie, ni pour le rapporter de la Monnaie à la Banque.

RABTA, ALPHA ET KOUCHA.

RABTA.

10. Amhra qui constitue M. Benaïad fermier secret de la rabta, et détermine les conditions de ce fermage.

« La condition essentielle de ce fermage consistait, pour M. Benaïad, à » donner au gouvernement les mêmes bonifications que celles dont Bah- » ram avait rendu compte. »

53. Copie des registres du gouvernement où sont inscrits les comptes de Bahram pour la rabta.

De ces comptes il résulte que Bahram a fait des versements s'élevant

à..............................	42,625 k.	14 o.	4 3/4 s.
qu'il n'avait reçu que...............	24,765	14	10
qu'il a donc versé un excédant de......	17,859	15	6 3/4

Cet excédant constitue la bonification de mesurage expliquée page 6 de la *Note explicative*, et page 10 du *Redressement des questions.*

Bahram a donc donné 72,11 0/0 de bonification. Dans le principe, on avait produit un taux un peu plus élevé, parce qu'on n'avait pas sous les yeux la pièce ci-dessous énoncée.

Nota. — La traduction que nous produisons n'a pu être faite *in extenso*, faute de temps, sauf la recette qui est détaillée telle qu'elle est portée dans la pièce arabe. Quant à la dépense, on a dû se borner à donner les totaux partiels des sommes portées dans le compte arabe auquel du reste on peut toujours recourir.

59. Copie du registre contenant les comptes-rendus par M. Benaïad pour la

NUMÉROS des PIÈCES.

Désignations.

rabta, comprenant sa gestion d'agent et celle de fermier secret, de 1256 à 1266.

Ces comptes sont les comptes erronés dont on réclame à M. Benaïad le redressement, conformément à celui fait par le bach-kateb, chef des écrivains du bey et contrôleur des finances, après qu'il eut été par lui pris connaissance des conditions restées jusqu'alors secrètes. Ce redressement, qui a eu lieu après l'ouverture du procès, conformément aux ordres de Son Altesse, est celui produit par nous page 13 de la *Note explicative.*

Comme pour le compte précédent, on a dû se borner à traduire textuellement tout ce qui concerne les recettes, et ne traduire que les totaux partiels de la dépense sur lesquels il n'y a pas contestation.

72. Comptes originaux, dont l'un est écrit par les notaires de la rabta et les deux autres par Ali-el-Mehseni, agent de M. Benaïad. De ces comptes il résulte que 4,541 k. 9 o. 7 s. ont fourni 7,532 k. 2 o. 3 s. 1/2.

(Voir, pour explication de cette opération, art. 4, page 11, du *Redressement des questions.*)

On voit aussi que sur la recette des dîmes de la rabta, M. Benaïad obtenait d'abord une bonification de plus de 65 0/0, résultant du versement des dîmes effectué par l'agent qui les percevait, à celui qui devait livrer les céréales; et ce sans préjudice de la bonification de 50 0/0 qui résultait de la livraison de ces céréales.

ALPHA.

Copie du registre contenant les comptes de Ben-Aabas pour l'alpha. De

ce compte il résulte que Ben-Aabas a versé. . . .	38,409 k.	1 o.	3 s.
qu'il a reçu	25,483	4	2
et qu'il y a, par conséquent, un excédant de. . .	12,925	13	1

Cet excédant se compose d'un article (page 3 du compte produit)

de.	5,096 k.	10 o.	5 s.
et d'un autre de.	7,829	2	8
Total égal.	12,925	13	1

Soit 50 0/0.

NUMÉROS des PIÈCES.

Désignations.

Cet excédant constitue la bonification dont M. Benaïad devait tenir compte au gouvernement, aux termes des conditions du contrat de fermage.

68. Copie d'un teskéré constatant la libération de Ben-Abas envers le gouvernement.

Ces comptes sont les comptes erronés dont on réclame à M. Benaïad le redressement, conformément à celui fait, par le bach-katib, chef des écrivains du bey et contrôleur des finances, après qu'il eut été par lui pris connaissance des conditions restées jusqu'alors secrètes. Ce redressement, qui a eu lieu après l'ouverture du procès, conformément aux ordres de Son Altesse, est celui produit par nous page 15 de la *Note explicative.*

54. Copie du registre contenant les comptes-rendus par M. Benaïad pour l'alpha, comprenant sa gestion d'agent et celle de fermier secret, de 1256 à 1266.

73. Compte des recettes de dîmes de 1264, entre M. Benaïad et son agent Ali-Benaïad.

Il résulte de ce compte que cet agent avait reçu pour dîmes 3,930$^{k.}$ 10$^{o.}$ 1$^{s.}$ 1/2, et qu'il les a versés à un autre agent de M. Benaïad pour 8,716$^{k.}$ 8$^{o.}$ 2$^{s.}$.

74. Même compte que le précédent pour l'année 1265.

Recette de dîmes, 6,020$^{k.}$ 8$^{o.}$ 11$^{s.}$; versé au second agent 13,125$^{k.}$ 3$^{o.}$ 11$^{s.}$.

(Voir, pour explication de cette opération, art. 4, page 11, du *Redressement des questions.*)

M. Benaïad recevait donc, comme il résulte de ce qui précède, une bonification de 120 0/0.

75. Déclaration de négociants anglais, établissant que M. Benaïad prélevait pour un kafis de dîme, deux kafis effectifs, c'est-à-dire le double.

Après la production de telles pièces, il est bon de se reporter aux pages 18 et 19 de la Note de M. Benaïad. (*État des questions.*)

27. Obligation de M. Benaïad pour 540 kafis, 14 ouibes d'orge qu'il avait empruntés à Chakir-Saheb-el-Tabée, ministre, par l'entremise de Mohamad-Bou-Kaf.

NUMÉROS des PIÈCES.

Désignations.

KOUCHA.

60. Copie du registre contenant le compte de Bahrini pour la koucha.

67. Copie du registre contenant les comptes-rendus par M. Benaïad pour son fermage de la boulangerie du Bardo, jusqu'en 1265, et de sa gestion pour la boulangerie de la Goulette, jusqu'en 1263.

76. Compte de la rabta, qui n'a pas été fait entre le gouvernement et M. Benaïad pour les années 1267 et 1268.

77. Compte de l'alpha, qui n'a pas été fait entre le gouvernement et M. Benaïad pour lesdites deux années.

41. Copie d'une déclaration notariée faite par M. Mohamad-Benaïad en faveur de son fils Mahmoud-Benaïad, datée du 11 chaâban 1260.

TESKÉRÉS DES 5 MILLIONS.

78. Note détaillée des teskérés délivrés par M. Benaïad contre ceux de S. A. qu'il n'a pas acquittés. Ces teskérés seront produits après.

HUILE.

45. Copie de deux articles, l'un de 10,000 métaux d'huile et l'autre de 12,000, relevés sur le compte de Hadj-Hassouna, inscrit sur les registres du gouvernement.

Cette pièce établit que M. Benaïad a reçu 22,000 métaux d'huile de Hadj-Hassouna.

47. Copie du compte des huiles entre M. Benaïad et le gouvernement, où se trouve le contre-passement des 25,000 métaux d'huile, faisant partie des 85,000 métaux achetés par lui en 1261, dont avait été débité M. Benaïad et dont il est crédité, ne les ayant pas reçus de Hadj-Hassouna.

46. Copie de deux articles, l'un de 14,900 métaux d'huile et l'autre de 6,000, relevés sur le compte de Ahmad-Ben-el-Cheikh, sur les registres du gouvernement.

Cette pièce établit que M. Benaïad a reçu dudit Ahmad-Ben-el-Cheikh 20,900 métaux d'huile.

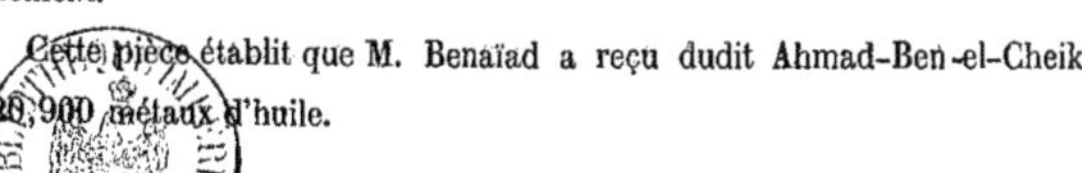

NUMÉROS des PIÈCES.	**Désignations.**
52.	Teskéré du bey constatant la libération d'Ahmad-ben-el-Cheikh avec le gouvernement.
79.	Déclaration du facteur qui a reçu les 6,000 métaux d'huile d'Ahmad-ben-el-Cheikh pour compte de M. Benaïad.
49.	Copie du compte des huiles entre M. Benaïad et le gouvernement, en 1268, inscrit sur les registres. Par ce compte, M. Benaïad devait au gouvernement 113,626 métaux d'huile; il ne s'en est acquitté qu'en vertu de 2 teskérés à lui donnés, l'un de 13,558 métaux 5, et l'autre de 77,191 métaux; total 90,749 métaux 5, à compte de la valeur de divers objets qu'il s'est chargé d'acheter et qu'il n'a pas fournis.
	(Voir l'explication de ce compte, page 15 et suivantes, *Redressement des questions*, et page 16 et suivantes de la *Réponse aux questions posées par le Comité.*)
55.	Copie des registres du gouvernement sur lesquels sont inscrits les comptes d'argent entre Benaïad et le gouvernement (page 5); il s'y trouve passé à son débit 1,105,000 piastres, prix des 85,000 métaux d'huile à lui vendus.
80.	Sous-bail notarié entre MM. Benaïad et Bou-Hram.
81.	Lettre de M. Benaïad au kadi de Toboursok, pour recommander Bou-Hram.
82 et 83.	Deux lettres adressées par M. Benaïad à Bou-Hram.
84 et 85.	Deux teskérés adressés sur Bou-Hram, à valoir sur le fermage de Tiach.
	Ces pièces n°s 81, 82, 83, 84 et 85 confirment celle n° 80, qui toutes établissent que M. Benaïad était réellement fermier de Tiach ; ce qu'il dénie.
35.	Obligation souscrite par Mohamad-Ben-el-Cheikh en faveur de Hamida-Benaïad, fondé de pouvoirs de M. Benaïad, pour 1,225 métaux d'huile revenant à ce dernier sur la ferme du saâ des oliviers de Toboursok et Tastour.
	Cette pièce prouve que M. Benaïad était le fermier de Toboursok et de Tastour; que son agent Hamida-Benaïad a reçu 1,225 métaux d'huile, et que M. Benaïad, qui dit ignorer si cet agent a reçu ces huiles, en a reçu à Paris la valeur en traites.
34.	Lettres de M. Benaïad à Hamida-Benaïad, Ali-el-Djilani et Kaïd-Nassim,
86.	Écrit notarié contenant le rendement de la presse à huile de la Kasba,

NUMÉROS des PIÈCES. — **Désignations.**

87, 87 bis et ter. Trois pièces notariées contenant le rendement de la presse à huile de Tobourba.

88. Dépenses faites par M. Benaïad pour lesdites deux presses.

TESKÉRÉS DE SORTIE D'HUILE.

11. Obligation de M. Benaïad de 8 millions reçus en teskérés d'huile.

12. Copie faite et signée par M. Benaïad d'une ordonnance de S. A., lui concédant des teskérés d'huile pour une somme de 13 millions.

13. Copie d'une ordonnance écrite par M. Benaïad, lui concédant des teskérés d'huile pour une somme de 10 millions.

33. Lettre de M. Benaïad à Kaïd-Nassim, son agent, datée de moharam 1269.

Par cette lettre on verra : 1° qui séquestrait les biens de M. Benaïad ; comment il parle de son gendre Zoulim, celui qui a donné la déclaration à l'aide de laquelle M. Benaïad veut prouver que S. A. lui a confisqué ses biens ;

2° Que les teskérés d'huile étaient exploités par lui et pour son compte. Première preuve que le traité avec MM. Pastré, daté de 1850, date correspondante à 1266, dès lors antérieure de trois ans à ladite lettre, est un traité simulé.

23. Lettre de M. Benaïad à son agent Kaïd-Nassim, du 24 sfar 1269.

Par cette lettre on voit, comme par la précédente : 1° que les griefs de M. Benaïad, relatifs à la succession de son fils, sont inexacts, puisque c'est Zoulim, son propre gendre et agent, qu'il accuse ;

2° Que c'est toujours M. Benaïad qui possède les teskérés de sortie d'huile, soit chez lui, soit chez ses propres agents.

24. Lettre de M. Benaïad à son agent Kaïd-Nassim, du 27 rebi-el-tani 1269, relative aux teskérés de sortie d'huile.

25. Lettre du même au même, de djamad-el-tani 1269, relative aux teskérés de sortie d'huile.

On y trouvera de plus, à la fin, la preuve que la ferme de la soie n'était pas abolie, comme le prétend M. Benaïad.

NUMÉROS des PIÈCES.	Désignations.
31.	Lettre de M. Benaïad à ses agents (11 djamad-el-tani), relative aux teskérés de sortie d'huile, et qui prouve surabondamment, mais d'une manière concluante, que le traité Pastré est bien un contrat simulé.
20.	Lettre de M. Benaïad à son agent Kaïd-Nassim (rebi-el-aoual 1269), relative aux teskérés de sortie d'huile.
89, 90, 91.	Trois lettres en original de MM. Pastré, qui prouvent qu'ils n'ont plus d'intérêt dans la Régence.
22.	Compte entre M. Benaïad et son agent Kaïd-Nassim.
32.	Id. id.
39.	Id. id.

De ces comptes il résulte que c'était l'agent de M. Benaïad qui recevait l'argent des teskérés de sortie d'huile, et qu'il l'envoyait à M. Benaïad.

Après de telles preuves, peut-on admettre un seul instant que M. Benaïad ait réellement négocié à MM. Pastré et Donon les teskérés de sortie d'huile?

NUMÉRAIRE.

63. Copie du registre du gouvernement où se trouvent inscrits les fermages alloués à M. Benaïad, à titre d'avances, pour les habillements des troupes.

92. Douze reçus de M. Benaïad, dont :

10 signés par lui, s'élevant à.	1,575,000
2 signés par ses agents, à.	421,842
Les 12 récépissés s'élèvent à	1,996,842

Cet argent a été reçu de la ferme des tabacs, en 1267 et 1268.

(Les susdites pièces sont en original.)

BIZERTE.

17. Copie écrite et signée par M. Benaïad d'une ordonnance lui concédant le fermage de Bizerte pendant cinq ans, de 1261 à 1266.

17 bis. Engagement de M. Benaïad pour 2 millions, prix dudit fermage.

18. Ordonnance de Son Altesse pour le renouvellement dudit fermage pour cinq autres années.

NUMÉROS des PIÈCES.	**Désignations.**
19.	Compte des produits de Bizerte, Ras-el-Gebel et Tobourba, pendant les années 1261, 1262 et 1263, écrit de la main de M. Benaïad.
	Ce compte indique comment étaient réglés entre le gouvernement et M. Benaïad les fruits de ces fermages qui, par leur nature secrète, étaient portés à son débit par les écrivains du gouvernement.
37.	Lettre de M. Benaïad à S. Exc. le khasnadar.
	Par cette lettre M. Benaïad reconnaît qu'il est débiteur du gouvernement.
50.	Contrat passé entre M. Benaïad et Tapia, d'après lequel le premier afferme à ce dernier la fabrication de la chaux et des briques.
	Cette pièce prouve que M. Benaïad percevait les fruits du fermage de Bizerte et autres inclus, puisqu'il avait sous-loué 125,000 piastres la fabrication de la chaux et des briques à Tunis, un des produits de cette ferme.
51.	Lettre de M. Benaïad à Tapia, en rebi-ewel 1265.

COMPTE DES FERMAGES DE DJARBA, DU OUATAN, DE MTALITES, ETC.

15.	Ordonnance de Son Altesse dans laquelle M. Benaïad est reconnu débiteur de piastres 656,600.
15 bis.	Bon signé par M. Benaïad, se reconnaissant débiteur de ladite somme.
14.	Copie écrite de la main de M. Benaïad, d'une ordonnance de Son Altesse dans laquelle il est reconnu débiteur d'une somme de 750,000 piastres.
93.	Neuf reçus originaux signés par M. Benaïad, pour une somme de piastres 1,100,000, reçue de la ferme des cuirs, en 1267 et 1268.
2.	Ordonnance de Son Altesse concédant à M. Benaïad la fabrication de la monnaie d'argent.
94.	Ordonnance de Son Altesse concédant à M. Benaïad la fabrication de la monnaie de cuivre.
95.	Ordonnance de Son Altesse concédant à M. Benaïad et à S. Exc. le khasnadar la mine de plomb.

NUMÉROS des PIÈCES. **Désignations.**

64. Compte du fermage de ouatan-el-kebli. — Cette pièce constate que le terme de 10,853 p. 4. 4 réclamé (page 30 de la Note explicative) n'a pas été payé par M. Benaïad, puisqu'il lui a été laissé valeur en compte sur la fourniture des habillements des troupes.

96. Compte courant signé par Halfon entre lui et Benaïad pour achat de marbres.

44. Contrat passé entre Halfon et Benaïad concernant les marbres.

97. Compte de bois achetés par M. Benaïad, en sa qualité d'agent du gouvernement, à M. Gaspary. Sur ces achats de bois, M. Benaïad, mandataire, a porté en dépense 500,987 piastres de plus qu'il n'avait payé.

98. Déclaration de M. Gaspary, établissant que M. Benaïad payait les bois avec les huiles que lui avait livrées le gouvernement. Seulement on remarquera que ces huiles, prises au gouvernement pour 13 piastres le métal, ont été données à M. Gaspary pour 20 piastres, c'est-à-dire qu'outre les 500,987 piastres, M. Benaïad a encore gagné illicitement 50 0/0. Les pièces n°s 96, 44 et 97 prouvent que, mandataire, M. Benaïad a rendu au gouvernement des comptes infidèles.

43. Teskéré remis à M. Bogo pour sa décharge des marchandises de la Ghorfa, qu'il a consignées à M. Benaïad, son successeur.

56. Obligation de M. Benaïad, sur laquelle il est resté débiteur de 261,519 piastres.

65 et 66. Copie de deux amhras concernant la fabrique de draps de Tobourba.

Les pièces justificatives ont été disposées dans l'ordre des chapitres, et quelques-unes ont été commentées, afin de permettre de saisir d'un seul coup d'œil les preuves à l'appui de chacun de nos chefs de réclamation.

Paris, le 10 octobre 1855.

LE GÉNÉRAL KHÉRÉDINE.

PARIS — IMPRIMERIE CENTRALE DE NAPOLÉON CHAIX ET Ce, RUE BERGÈRE, 20. — 8692

www.ingramcontent.com/pod-product-compliance
Ingram Content Group UK Ltd.
Pitfield, Milton Keynes, MK11 3LW, UK
UKHW021018220726
13924UKWH00001B/60

9 782019 923679